Introduction

Dans *"Harmonie Météorologique"*, plongez dans l'univers fascinant de la météorologie tout en nourrissant votre esprit. Ce livre innovant va au-delà des prévisions météorologiques en intégrant des conseils spirituels stimulants.

Chaque mois, découvrez une nouvelle perspective sur la vie et la météo, offrant une opportunité de réflexion personnelle et d'évolution intérieure.

Une fusion captivante entre la science atmosphérique et la sagesse spirituelle, *"Harmonie Météorologique"* vous guide à travers un voyage enrichissant de partage de connaissances et de croissance personnelle.

Bien conscient que cela ne changera peut-être pas le monde, je crois fermement en la puissance des petites victoires positives dans nos vies.

Chaque conseil spirituel mensuel et chaque insight météorologique sont des invitations à la croissance personnelle et au bien-être. Ensemble, explorons un chemin vers une vie plus épanouissante et connectée, une victoire à la fois.

Fort de mes connaissances approfondies dans les domaines variés de la météorologie et de la climatologie, j'ai le privilège de partager ma passion avec mes lecteurs, offrant bien plus qu'une simple exploration scientifique.

Malgré ma jeunesse, des années de lecture assidue et de réflexion personnelle m'ont doté d'une expérience significative dans les domaines du bien-être et de la spiritualité.

Dans nos vies, qu'elles soient professionnelles ou personnelles, je crois fermement que l'aspect humain doit occuper une place centrale.

Je vous souhaite une lecture enrichissante et une année exceptionnelle à tous.

Que la santé et l'amour vous accompagnent chaque jour.

Le dicton du mois Janvier

« Quand Notre-Dame de l'Oubli fait le manteau, de paille et d'eau, c'est mauvais signal pour l'an qui va. »

« Commencez l'année en pratiquant la gratitude. Prenez un moment chaque jour pour réfléchir à une chose pour laquelle vous êtes reconnaissant. »

Le début de l'année offre une opportunité précieuse de cultiver la gratitude. En intégrant cette pratique dans votre quotidien, prenez consciemment un moment chaque jour pour réfléchir à une chose pour laquelle vous êtes reconnaissant. Que ce soit une petite victoire, un moment de joie, ou une personne spéciale dans votre vie, cette simple habitude peut transformer votre perspective et apporter une lumière positive à chaque journée. La gratitude, telle une semence plantée en ce début d'année, peut grandir et fleurir tout au long des saisons, apportant une richesse intérieure et une paix durable.

Instant science

Pourquoi le ciel est-il parfois rouge au lever ou au coucher du soleil ?

« Cela est dû à la diffusion de la lumière solaire par les particules atmosphériques, créant des couleurs chaudes comme le rouge et l'orange. »

Lorsque le ciel prend des teintes rouges, oranges et roses au lever ou au coucher du soleil, cela est dû à un phénomène appelé dispersion de Rayleigh.

La lumière du soleil est composée de différentes couleurs, chacune ayant une longueur d'onde spécifique. Lorsque la lumière traverse l'atmosphère de la Terre, elle interagit avec les molécules d'air et d'autres particules en suspension. C'est à ce moment que la dispersion de Rayleigh entre en jeu.

Les molécules d'air dispersent la lumière de manière sélective en fonction de la longueur d'onde. Les longueurs d'onde plus courtes, comme le bleu et le violet, sont dispersées plus facilement que les longueurs d'onde plus longues, comme le rouge et l'orange.

Lorsque le soleil est bas sur l'horizon au lever ou au coucher, la lumière doit traverser une plus grande quantité d'atmosphère par rapport à quand le soleil est directement au-dessus de vous à midi.

En raison de cette traversée plus longue, les longueurs d'onde plus courtes sont dispersées davantage, laissant les longueurs d'onde plus longues prédominer.

C'est pourquoi le ciel prend des teintes chaudes, principalement rouges, oranges et roses, pendant ces moments. Les particules en suspension, comme la poussière et l'humidité dans l'air, contribuent également à diffuser la lumière et à intensifier ces magnifiques couleurs lors des levers et couchers de soleil.

Le dicton du mois de Février

« À la Saint-Valentin, souvent l'hiver touche à sa fin. »

« Cultivez l'amour et la compassion envers vous-même et les autres. Choisissez une action aimante chaque jour. »

En ce mois de février, consacrez-vous à cultiver l'amour et la compassion, tant envers vous-même qu'envers les autres. Chaque jour, faites le choix délibéré d'une action aimante, créant ainsi un élan positif qui se répercute dans votre vie et celle des autres. Que ce soit un geste de gentillesse envers un proche ou une attention bienveillante envers vous-même, chaque action aimante semée contribue à édifier un environnement empreint d'amour. Février devient ainsi le mois propice pour tisser des liens profonds, répandre la bienveillance, et faire éclore les graines de l'amour qui perdurent au fil des saisons.

Instant science

Comment se forment les arcs-en-ciel ?

« Les arcs-en-ciel résultent de la réfraction, de la dispersion et de la réflexion de la lumière du soleil dans les gouttes d'eau de pluie. »

Les arcs-en-ciel se forment principalement à la suite de la réfraction, de la réflexion interne totale et de la dispersion de la lumière du soleil dans les gouttelettes d'eau en suspension dans l'atmosphère.

Réfraction de la lumière : Lorsqu'un rayon lumineux du soleil pénètre dans une gouttelette d'eau, il subit une réfraction. Cela signifie que la lumière change de direction en passant à travers le milieu transparent (dans ce cas, l'eau) avec une densité différente de celle de l'air.

Réflexion interne totale : Une fois à l'intérieur de la gouttelette, la lumière est réfléchie à l'intérieur des parois de la gouttelette.

Cette réflexion interne totale se produit parce que le rayon lumineux frappe la paroi intérieure sous un angle critique. Cela empêche la lumière de s'échapper immédiatement de la gouttelette.

Dispersion de la lumière : Pendant ces réflexions internes, la lumière se disperse également en différentes couleurs en raison de la dispersion de Rayleigh, le même phénomène responsable des couleurs du ciel au lever et au coucher du soleil. Les gouttelettes d'eau agissent comme des petits prismes qui décomposent la lumière blanche du soleil en un spectre de couleurs.

L'arc-en-ciel que nous observons est généralement un arc semi-circulaire en raison de la manière dont la lumière est réfractée et réfléchie à l'intérieur des gouttelettes d'eau.

Chaque gouttelette contribue à la formation de l'ensemble de l'arc-en-ciel, mais nous ne voyons que la partie de l'arc qui est dirigée vers nos yeux. Les couleurs de l'arc-en-ciel apparaissent dans l'ordre suivant, de l'extérieur vers l'intérieur : rouge, orange, jaune, vert, bleu, indigo et violet

Le dicton du mois de Mars

« À la Saint-Joseph, beau temps, promesse de bon an. »

« Pratiquez la pleine conscience. Prenez le temps de vous connecter pleinement à chaque instant, que ce soit en marchant, en mangeant ou simplement en respirant. »

En ce mois de mars, plongez-vous dans la pratique de la pleine conscience. Accordez-vous le temps précieux de vous connecter pleinement à chaque instant, que ce soit en déambulant, en savourant votre repas, ou simplement en respirant. La pleine conscience offre une porte d'entrée vers la profondeur de l'instant présent, vous permettant de vous immerger pleinement dans les textures de la vie quotidienne. Que ce soit le murmure du vent, le goût de chaque bouchée, ou la sensation de votre propre souffle, mars devient ainsi un mois dédié à la présence attentive, à l'éveil des sens, et à l'appréciation consciente de chaque instant.

Instant science

Pourquoi les éclairs sont-ils souvent accompagnés de tonnerre ?

« La foudre produit de la chaleur provoquant une brusque expansion de l'air, créant une onde de choc appelé tonnerre. »

Les éclairs et le tonnerre sont deux aspects d'un phénomène météorologique appelé la foudre. Les éclairs se forment généralement à l'intérieur des nuages d'orage lorsqu'il y a des charges électriques séparées. Ces charges peuvent être positives dans la partie supérieure du nuage et négatives dans la partie inférieure, ou vice versa.

Lorsque la différence de charge devient suffisamment grande, elle crée une décharge électrique sous forme d'éclair pour rétablir l'équilibre.

Lorsque la décharge électrique se produit, elle chauffe rapidement l'air à des températures extrêmement élevées, provoquant une expansion explosive de l'air et la création d'une onde de choc. C'est cette expansion explosive de l'air qui crée le bruit que nous percevons comme le tonnerre.

L'éclair se propage le long du chemin ionisé et, en chauffant l'air, il crée une onde de choc qui se propage sous forme d'ondes sonores. C'est ce que nous entendons comme le tonnerre.

le tonnerre est le résultat de l'onde de choc créée par l'éclair qui chauffe l'air. Puisque la lumière se déplace plus rapidement que le son, nous voyons l'éclair avant d'entendre le tonnerre.

En comptant le temps écoulé entre la vue de l'éclair et l'écoute du tonnerre, on peut estimer la distance de l'orage, car le son se déplace à une vitesse d'environ 343 mètres par seconde dans l'air.

Chaque seconde entre l'éclair et le tonnerre équivaut à environ 343 mètres de distance entre vous et la foudre.

Le dicton du mois d'Avril

« Saint-Marc mouillé au petit jour, de la pluie il y aura toujours. »

« Explorez la notion de pardon. Trouvez la force de pardonner et de lâcher prise pour favoriser la paix intérieure. »

En ce mois d'avril, embarquez dans l'exploration profonde de la notion de pardon. Cherchez en vous la force nécessaire pour pardonner et lâcher prise, car c'est souvent dans cet acte que naît la véritable paix intérieure. Le pardon n'est pas seulement un cadeau que vous offrez aux autres, mais aussi à vous-même. En libérant votre cœur des poids du ressentiment, vous ouvrez la voie à la tranquillité intérieure et à une croissance personnelle significative. Avril devient ainsi le mois propice pour semer les graines de la libération, permettant à votre esprit de s'épanouir comme les premières fleurs du printemps.

Instant science

Qu'est-ce qu'une tornade et comment se forme-t-elle ?

« Une tornade est un tourbillon de vents violents formé dans une tempête. Elle se forme lorsque des masses d'air chaud et froid se rencontrent. »

Une tornade est une colonne d'air en rotation violente qui s'étend du nuage d'orage à la surface de la Terre. Elle se forme dans des conditions météorologiques spécifiques et est souvent associée à des orages puissants.

Les tornades se forment généralement dans le cadre de puissants systèmes orageux appelés supercellules. Ces supercellules se développent dans des environnements où l'air est instable et il y a une variation significative du vent en direction et en vitesse à différentes altitudes.

Au sein de ces supercellules, des courants d'air ascendants forts peuvent provoquer des rotations horizontales, créant ce qu'on appelle une "mésocyclone". Cette rotation est une condition préalable à la formation d'une tornade.

Au sein de ces supercellules, des courants d'air ascendants forts peuvent provoquer des rotations horizontales, créant ce qu'on appelle une "mésocyclone".

Cette rotation est une condition préalable à la formation d'une tornade. Lorsque cette colonne d'air descend vers le sol, elle peut ramasser des débris, de la poussière et de l'humidité, ce qui rend la tornade visible. Une fois que la rotation touche le sol, elle devient officiellement une tornade.

Les tornades sont classées en fonction de leur intensité sur l'échelle de Fujita améliorée (EF), allant de EF0 (le moins intense) à EF5 (le plus intense), en fonction des dégâts qu'elles causent.

Il est important de noter que toutes les supercellules ne génèrent pas des tornades, et la majorité des orages ne produisent pas de tornades.

Le dicton du mois de Mai

« À la Sainte-Croix, cueille tes cerises ; à la Saint-Isidore, sème ton orge. »

«Plongez dans la nature. Trouvez une connexion spirituelle en passant du temps à l'extérieur, en admirant la beauté et la diversité de la création. »

En ce mois de mai, laissez-vous envelopper par les délices de la nature. Plongez dans des moments où la connexion spirituelle se tisse naturellement, passant du temps à l'extérieur pour admirer la beauté et la diversité de la création qui s'épanouit autour de vous. Que ce soit à travers une balade parmi les fleurs en éclosion, le murmure apaisant d'un ruisseau, ou le chant mélodieux des oiseaux, mai offre une scène vivante pour renouveler votre lien avec la nature. En découvrant la magie de l'environnement qui s'éveille, vous trouverez une source inépuisable d'inspiration et de sérénité, cultivant ainsi une connexion profonde avec la création qui vous entoure.

Instant science

Comment les animaux peuvent-ils anticiper les changements météorologiques ?

« Certains animaux peuvent détecter des changements subtils dans l'air ou la pression atmosphérique, ce qui leur permet d'anticiper les conditions météorologiques. »

Les animaux ont développé plusieurs mécanismes pour anticiper les changements météorologiques, souvent basés sur leurs sens aiguisés et des adaptations évolutives.

Les changements de pression atmosphérique peuvent indiquer des modifications météorologiques imminentes. Certains animaux, comme les oiseaux, les poissons et les mammifères, sont sensibles aux variations de pression atmosphérique. Ils peuvent détecter ces changements à l'aide de leurs organes sensoriels, tels que les baromètres internes.

Les animaux peuvent réagir aux changements de température qui précèdent souvent un changement météorologique.

Par exemple, les reptiles, les insectes et d'autres animaux à sang froid peuvent ajuster leur comportement en fonction des variations de température.

Certains animaux ont la capacité de détecter les changements dans le champ magnétique de la Terre.

Cela peut les aider à naviguer sur de longues distances et à anticiper des événements météorologiques, notamment des tempêtes magnétiques liées à des changements atmosphériques.

Les animaux peuvent également observer le comportement de leurs congénères pour détecter des signes de changements météorologiques. Par exemple, les oiseaux migrateurs peuvent ajuster leurs plans en fonction des signaux émis par d'autres membres de leur groupe.

Les animaux peuvent être attentifs aux signes naturels tels que la couleur du ciel, la direction du vent, la formation de nuages spécifiques, etc. Ces indices peuvent indiquer des changements météorologiques imminents.

Le dicton du mois de Juin

« À la Saint-Barnabé, les jours croissent d'une sauterelle, d'un saut de puce. »

« Cultivez la patience. Prenez conscience des moments où vous pourriez réagir impulsivement et choisissez la patience et la compréhension. »

En ce mois de juin, laissez la chaleur de l'été éveiller la qualité précieuse de la patience en vous. Cultiver la patience devient une pratique qui fleurit sous les longues journées ensoleillées. Prenez conscience des moments où l'impulsion de réagir rapidement se fait sentir, et faites le choix délibéré de la patience et de la compréhension. Comme les jours s'étirent, offrez-vous la possibilité de voir au-delà de l'instant présent, embrassant la sérénité que la patience peut apporter. Que ce soit face aux défis ou aux opportunités, juin devient ainsi le mois propice pour permettre à la patience de devenir un rayon de soleil constant dans votre vie, illuminant votre chemin de calme et de réflexion mesurée.

Instant science

Pourquoi certaines régions connaissent-elles des saisons sèches et humides ?

« Les saisons sèches et humides sont souvent liées à des moussons résultant des différences de température entre les océans et les terres. »

Les saisons sèches et humides sont principalement influencées par les mouvements du soleil et les caractéristiques géographiques des régions.

La Terre est inclinée sur son axe par rapport à son orbite autour du soleil. Cela provoque des variations saisonnières. Lorsqu'une région est inclinée vers le soleil, elle reçoit plus de lumière solaire, ce qui entraîne une saison plus chaude et souvent plus humide.

Au cours de l'année, le soleil se déplace du tropique du Cancer au tropique du Capricorne et vice versa. Les régions près de l'équateur reçoivent plus de lumière solaire tout au long de l'année, tandis que les régions plus éloignées des tropiques connaissent des saisons plus distinctes.

Lorsque le soleil est au zénith près de l'équateur, il chauffe fortement la surface terrestre, provoquant la montée de l'air chaud.

Cet air chaud se refroidit en altitude, formant des nuages qui peuvent entraîner des précipitations. Ces régions près de l'équateur ont souvent une saison des pluies.

Dans certaines régions, comme l'Asie du Sud-Est, le chauffage intense à l'équateur attire les masses d'air humide de l'océan. Ces masses d'air apportent des pluies abondantes pendant une période appelée la mousson, créant une saison humide.

Lorsque le soleil se déplace loin de l'équateur, les régions éloignées des tropiques connaissent une réduction de l'énergie solaire directe. Cela entraîne une saison plus froide et souvent plus sèche, car l'air froid peut contenir moins d'humidité.

Le dicton du mois de Juillet

« À la Saint-Antoine, les jours croissent comme la barbe de la chèvre. »

« Pratiquez la générosité. Trouvez des façons simples de donner aux autres, que ce soit du temps, des compétences ou de l'amour. »

En ce mois de juillet, sous le soleil éclatant de l'été, laissez la pratique de la générosité être votre guide. Cherchez des façons simples de donner aux autres, que ce soit à travers le partage de votre temps, de vos compétences, ou simplement en offrant un geste d'amour. Comme les journées s'étirent et que la nature se dévoile dans toute sa splendeur, permettez à la générosité d'être le fil conducteur qui tisse des liens chaleureux. Juillet offre une toile de fond parfaite pour semer des actes altruistes qui, à leur tour, nourrissent votre propre bien-être. Que ce soit par de petits gestes ou des actions plus significatives, la générosité devient une source inépuisable de joie partagée et de connexion durant ce mois estival.

Instant science

Comment la météorologie peut-elle influencer les sports ?

« Les conditions météorologiques, telles que le vent, la pluie ou la neige, peuvent affecter la pratique et la performance de nombreux sports. »

La météorologie peut avoir un impact significatif sur divers sports, influençant les conditions de jeu, la performance des athlètes et même la sécurité des événements sportifs.

La température peut affecter l'endurance et la performance des athlètes. Les sports d'endurance comme la course à pied ou le cyclisme peuvent être plus difficiles par temps chaud, tandis que les sports d'hiver peuvent être affectés par le froid. Des températures extrêmes peuvent également entraîner des risques pour la santé des athlètes.

Le vent peut influencer la trajectoire des balles dans des sports tels que le golf, le tennis et le baseball. Dans les sports de plein air comme le cyclisme, le vent peut affecter la vitesse des athlètes. De forts vents transversaux peuvent également rendre plus difficile la pratique de sports comme le saut à la perche ou le saut en longueur.

La pluie peut rendre les surfaces de jeu glissantes, affectant la traction des athlètes dans des sports tels que le football, le soccer et le rugby. Dans les sports aquatiques, la pluie peut affecter la visibilité et les conditions de l'eau. La neige peut influencer les sports d'hiver tels que le ski alpin, le snowboard et le biathlon.

L'humidité peut influencer la façon dont le corps régule la chaleur. Dans des conditions humides, la transpiration peut être moins efficace pour refroidir le corps, ce qui peut affecter l'endurance et la performance des athlètes.

La pression atmosphérique diminue avec l'altitude, ce qui peut influencer la capacité des athlètes à respirer et à s'acclimater. Les sports pratiqués en haute altitude, comme le ski de fond ou le cyclisme en montagne, peuvent nécessiter une adaptation spécifique.

Le dicton du mois d'Août

« À la Saint-Laurent, l'or du blé germe dans l'épi, dans le cœur de l'amant dans le sourire de l'enfant. »

« Explorez votre spiritualité intérieure. Prenez du temps pour méditer, réfléchir et vous connecter à votre moi intérieur. »

En ce mois d'août, sous le ciel étoilé de l'été, plongez dans l'exploration de votre spiritualité intérieure. Accordez-vous le temps précieux de méditer, de réfléchir et de vous connecter à votre moi intérieur. Alors que les journées se prolongent et que la nature offre une symphonie apaisante, août devient un sanctuaire pour la découverte de dimensions plus profondes de soi. Que ce soit à travers des moments de contemplation silencieuse ou des pratiques méditatives, laissez la sagesse intérieure s'épanouir comme les fleurs estivales. Août, mois de chaleur et de lumière, offre une invitation à embrasser la spiritualité personnelle, créant ainsi un havre de paix au cœur de votre être.

Instant science

Pourquoi les avions volent-ils plus rapidement avec un jet stream ?

« Le jet stream est un courant d'air rapide en haute altitude. Les avions peuvent profiter de sa vitesse pour accélérer leurs déplacements. »

Le jet stream est un courant d'air à haute altitude qui souffle d'ouest en est à des altitudes supérieures à la tropopause, généralement entre 7 et 16 kilomètres au-dessus de la surface de la Terre. Les avions peuvent voler plus rapidement avec un jet stream en raison de la différence de vitesse entre l'air du jet stream et l'air environnant.

Le jet stream peut atteindre des vitesses considérables, parfois dépassant les 300 Km/h. La vitesse du jet stream dépend de divers facteurs, notamment les variations de température entre les masses d'air polaires et tropicales.

Lorsqu'un avion vole dans la même direction que le jet stream, il peut profiter de la vitesse de cet air à haute altitude. Cela permet à l'avion de voyager plus rapidement par rapport à l'air qui l'entoure à des altitudes plus basses.

L'effet du jet stream est particulièrement bénéfique pour les avions volant d'ouest en Est, car cela peut réduire leur temps de vol et améliorer l'efficacité énergétique. Les pilotes peuvent ajuster leur itinéraire pour tirer parti de ces vents favorables et économiser du carburant.

Les compagnies aériennes planifient souvent les itinéraires en tenant compte de la position du jet stream pour optimiser la durée du vol et économiser du carburant. Les vols transatlantiques d'ouest en est, par exemple, peuvent bénéficier significativement des vents favorables du jet stream.

Les avions volant dans la direction opposée au jet stream peuvent rencontrer des vents contraires, ce qui peut ralentir leur progression.

Le dicton du mois de Septembre

« À la Saint-Gervais, fais battre tes semis. »

« Faites preuve de compassion envers les autres. Cherchez à comprendre les perspectives différentes et à montrer de la gentillesse, même dans les situations difficiles. »

En ce mois de septembre, où l'été s'apprête à laisser place à l'automne, mettez en pratique la compassion envers les autres. Cherchez à comprendre les perspectives différentes et déployez la gentillesse, même dans les situations difficiles. Alors que la nature se prépare à changer de saison, septembre devient le terrain propice pour semer des actes de compréhension et de bienveillance. Que ce soit en écoutant attentivement, en offrant un geste de soutien ou en choisissant la douceur face à l'adversité, septembre offre une opportunité d'apporter de la chaleur humaine à ceux qui en ont besoin. Que ce mois soit empreint de compassion, créant ainsi une toile d'entraide et de respect mutuel dans le tissu de la vie quotidienne.

Instant science

Comment les météorologues prévoient-ils les ouragans ?

« Les météorologues utilisent des modèles informatiques et surveillent les conditions atmosphériques pour anticiper la formation et la trajectoire des ouragans. »

Les météorologues prévoient les ouragans en utilisant une combinaison de données satellitaires, d'observations en surface, de modèles informatiques et d'une expertise météorologique approfondie.

Les météorologues surveillent en permanence les conditions atmosphériques à l'aide de satellites, de radars, de ballons-sondes et d'autres instruments. Ils recherchent des signes de formations dépressionnaires tropicales, qui peuvent évoluer en ouragans.

La force et la direction des vents en altitude jouent un rôle crucial dans le développement des ouragans. Les météorologues examinent les modèles de vents en altitude pour détecter les conditions favorables à la formation et au renforcement des systèmes tropicaux.

Les ouragans se forment au-dessus d'eaux chaudes de l'océan.

Les météorologues surveillent attentivement les températures de surface de la mer pour identifier les zones où les conditions sont propices au développement des ouragans.

Les météorologues utilisent des modèles numériques informatiques pour simuler le comportement de l'atmosphère. Ces modèles intègrent des données observées et prévoient l'évolution des systèmes météorologiques, y compris les ouragans.

À mesure que les ouragans se développent, les météorologues continuent de surveiller en temps réel les changements dans leur trajectoire, leur intensité et d'autres caractéristiques. Les observations en temps réel, telles que les données des avions de reconnaissance et des radars, sont cruciales pour affiner les prévisions.

Le dicton du mois d'Octobre

« *Quand Saint-Denis a passé, la plus part de la moisson est glanée.* »

« *Pratiquez la gratitude à l'approche de la fin de l'année. Faites une liste quotidienne des choses pour lesquelles vous êtes reconnaissant.* »

À l'approche d'octobre, mois où les feuilles commencent à se parer de teintes automnales, engagez-vous dans la pratique de la gratitude. Prenez le temps, chaque jour, de dresser une liste des choses pour lesquelles vous êtes reconnaissant. Alors que la nature se prépare à ralentir son rythme, octobre devient une période propice pour ralentir également, réfléchir et apprécier les nombreuses bénédictions qui ont émaillé votre année. Que ce soit de simples moments de bonheur quotidien ou des réussites plus significatives, octobre offre une occasion idéale de cultiver la reconnaissance. En célébrant ces petites joies, vous créez une harmonie intérieure qui vous accompagnera au fil des jours plus frais et des nuits plus longues de l'automne naissant.

Instant science

Pourquoi les déserts sont-ils souvent très chauds le jour et très froids la nuit ?

« En raison du manque d'humidité dans l'air, le désert ne retient pas bien la chaleur, ce qui entraîne des variations extrêmes de température. »

Les déserts sont souvent caractérisés par des températures extrêmes, avec des journées très chaudes et des nuits très froides.

Les déserts ont souvent un ciel clair et dégagé, ce qui signifie qu'il y a peu ou pas de nuages pour bloquer le rayonnement solaire pendant la journée. Cela permet au soleil de chauffer intensément la surface du désert.

Les déserts ont généralement une faible humidité atmosphérique. L'humidité agit comme un modérateur thermique, en absorbant et en retenant la chaleur. Dans les déserts, l'air sec permet au sol de se réchauffer rapidement en absorbant directement l'énergie solaire.

Le sol dans les déserts est souvent composé de matériaux qui ont une bonne conductivité thermique, ce qui signifie rapidement absorber et libérer de la chaleur.

Pendant la journée, le sol absorbe efficacement la chaleur du soleil, augmentant ainsi la température de l'air.

La nuit, en l'absence de nuages pour piéger la chaleur, le désert perd rapidement sa chaleur par rayonnement thermique. Le sol émet de l'énergie thermique dans l'atmosphère, ce qui entraîne un refroidissement rapide. Cette perte de chaleur est plus prononcée dans les déserts en raison de l'absence d'humidité et de nuages.

L'effet combiné de ces facteurs crée des conditions où les déserts peuvent connaître des journées extrêmement chaudes en raison du chauffage solaire intense, suivies de nuits très froides en raison de la perte rapide de chaleur par rayonnement.

Le dicton du mois de Novembre

« À la Saint-André, la nuit l'emporte sur le jour. »

« Trouvez la beauté dans la simplicité. Prenez conscience des petites joies de la vie quotidienne et appréciez-les pleinement. »

Alors que novembre s'installe avec ses journées plus courtes et ses températures plus fraîches, plongez-vous dans la quête de la beauté dans la simplicité. Prenez conscience des petites joies de la vie quotidienne et appréciez-les pleinement. Que ce soit le murmure du vent dans les feuilles dorées ou la chaleur réconfortante d'une tasse de thé, novembre offre un écrin de calme où les détails simples prennent une nouvelle importance. En cultivant une sensibilité à la beauté discrète qui vous entoure, vous découvrez une richesse inattendue dans la simplicité de chaque instant. Novembre devient ainsi une période d'éveil à la grâce des choses modestes, transformant la vie quotidienne en une symphonie de délices subtils.

Instant science

Qu'est-ce qu'une aurore boréale ?

« Une aurore boréale est un phénomène lumineux dans le ciel polaire, causé par l'interaction des particules solaires avec la magnétosphère terrestre. »

Une aurore boréale est un phénomène lumineux naturel qui se produit dans les régions polaires, notamment près du pôle Nord (aurores boréales) et du pôle Sud (aurores australes). Ce spectacle céleste est causé par l'interaction entre les particules chargées provenant du vent solaire et les gaz de l'atmosphère terrestre.

Le vent solaire est composé de particules chargées, principalement des électrons et des protons, qui sont éjectées de la surface du Soleil à des vitesses élevées.

La Terre est entourée par un champ magnétique qui la protège des particules solaires nocives. Lorsque le vent solaire rencontre ce champ magnétique, certaines particules sont piégées et canalisées vers les pôles.

Lorsque les particules chargées du vent solaire atteignent la haute atmosphère terrestre, elles entrent en collision avec les atomes et les molécules d'oxygène et d'azote présents. Ces collisions excitent les électrons des atomes de gaz.

Lorsque les électrons excités redescendent à leur état d'origine, ils émettent de la lumière. Les gaz dans l'atmosphère émettent des lumières de différentes couleurs en fonction du type de gaz et de l'altitude de la collision. L'oxygène produit souvent des lumières vertes et rouges, tandis que l'azote peut contribuer à des nuances de violet, rose et bleu.

Lorsque ces réactions lumineuses se produisent à grande échelle et simultanément, elles créent les magnifiques motifs lumineux connus sous le nom d'aurores boréales.

Le dicton du mois de Décembre

« À la Saint-Nicolas, décembre est bien loin. »

« Célébrez la lumière intérieure. Dans la période des fêtes, cultivez la paix intérieure en partageant la joie avec vos proches et en faisant preuve de compassion envers tous. »

En cette douce période de décembre, lorsque les jours sont les plus courts et les nuits les plus longues, célébrez la lumière intérieure qui réside en vous. Dans l'effervescence des fêtes, cultivez la paix intérieure en partageant la joie avec vos proches. Que ce soit à travers des moments chaleureux autour d'un repas festif ou des gestes de générosité envers ceux dans le besoin, décembre offre une opportunité unique de répandre la lumière de la compassion. Alors que l'année touche à sa fin, puisez dans cette lumière intérieure pour éclairer le chemin de la nouvelle année à venir. Que décembre soit empreint de moments de tendresse, créant ainsi un espace propice à la gratitude et à la réflexion bienveillante envers tous ceux qui ont enrichi votre année.

Instant science

Comment la météo peut-elle affecter notre humeur ?

« La météo peut influencer la libération de certaines hormones dans le cerveau, ce qui peut avoir un impact sur notre humeur et notre bien-être. »

La météo peut avoir un impact significatif sur notre humeur et notre bien-être émotionnel. Plusieurs facteurs météorologiques peuvent influencer notre état émotionnel de différentes manières.

La lumière du soleil stimule la production de sérotonine, un neurotransmetteur associé à l'amélioration de l'humeur. Les journées ensoleillées ont tendance à être associées à des niveaux d'énergie plus élevés, à une humeur positive et à une meilleure concentration.

Des températures modérées sont généralement associées à une humeur plus positive. Les températures extrêmes, qu'elles soient très chaudes ou très froides, peuvent parfois être associées à des sentiments d'inconfort, de fatigue ou d'irritabilité.

Les jours de pluie peuvent avoir un impact sur l'humeur, en particulier s'ils sont fréquents.

Certains peuvent ressentir une sensation de mélancolie ou de léthargie en raison du manque de lumière du soleil associé aux journées pluvieuses.

Certains individus sont sensibles aux changements de pression atmosphérique, en particulier lors de changements météorologiques rapides. Des baisses de pression peuvent être associées à des maux de tête, de la fatigue et une humeur moins positive.

Les variations saisonnières, comme le passage de l'été à l'automne ou de l'hiver au printemps, peuvent avoir un impact sur l'humeur.

Certains peuvent ressentir une baisse d'énergie ou une mélancolie pendant les mois d'hiver, ce qui est parfois associé à la dépression saisonnière.

Remerciements

Je tiens tout d'abord à exprimer ma gratitude envers tous mes lecteurs, espérant avoir suscité en eux des émotions positives au cours de leurs réflexions personnelles tout au long de cette année.

Un remerciement particulier s'adresse à ceux qui m'ont encouragé à concrétiser ce projet de guide spirituel, transformé en un livre pédagogique singulier. Vos encouragements ont été une source d'inspiration précieuse.

Pour conclure, mes remerciements et pensées s'adressent aux personnes et amis avec lesquels j'ai partagé de nombreuses discussions enrichissantes tout au long de cette année. Ces échanges, riches en connaissances, ont été marqués par leur aspect humain, contribuant ainsi à faire progresser les choses dans une direction positive et à garantir une certaine harmonie dans notre entourage.

N'hésitez pas à partager vos appréciations dans les commentaires, car cela me permettra d'améliorer mon contenu pour l'année à venir et pour mes projets en cours depuis quelques années déjà.

Références bibliographiques

Eckhart Tolle : Connu pour son livre "Le Pouvoir du Moment Présent" qui explore la pleine conscience et la présence.

Laurent Gounelle : Auteur français, ses livres comme "L'homme qui voulait être heureux" explorent des thèmes de bonheur, de réalisation personnelle et de transformation intérieure.

Paulo Coelho : Auteur brésilien mondialement connu, ses œuvres telles que "L'Alchimiste" et "Onze minutes" abordent des questions profondes liées à la quête de soi, à la destinée et à la spiritualité.

Maktub : Ce recueil de textes explore des thèmes variés tels que la destinée, l'amour, la quête personnelle, et reflète la diversité des expériences humaines.

Aleph : Ce roman offre une quête spirituelle à travers le Transsibérien, explorant des idées de renaissance personnelle, de réflexion profonde, et de connexion spirituelle.

Richard Louv : Auteur du livre "Last Child in the Woods," il explore la relation entre la nature et le bien-être humain, mettant en avant les avantages psychologiques de la connexion à la nature.

Surcin Jérémy : Climatologue et météorologue, spécialisé dans l'étude de la pollution aux particules fines, ainsi que dans le domaine de la topoclimatologie. J'ai également participé à différentes études sur le bien-être au sein des smart cities.

Pour plus d'informations